LUIGI MIANO

COMUNICAMORE

Impara a Relazionarti con gli Altri grazie al Rivoluzionario Strumento dell'Amore

Titolo

"COMUNICAMORE"

Autore

Luigi Miano

Editore

Bruno Editore

Sito internet

www.brunoeditore.it

Sommario

Introduzione

«Essere nient'altro che se stessi – in un mondo che fa di tutto, di giorno e di notte, per renderti uguale a chiunque altro – significa intraprendere la battaglia più dura che un essere umano possa sopportare, senza mai smettere di combattere».
Edward Estlin Cummings

Noi nasciamo con intenti amorevoli e liberi dai condizionamenti. Poi succede che gli adulti hanno la supponenza di voler sbarrare la libera espressione di un amore straordinario. Essi decidono ciò che è giusto e ciò che è sbagliato, creano il sistema delle ricompense (premio e punizione) ed ecco che l'essere di luce e amore si è trasformato, mutando la sua natura.

L'essere umano dimentica di essere nato incline alla socialità e alla compassione. Questa impronta originaria emerge quando accadono delle calamità di disastrosa intensità nel mondo e, in particolare, vicino a noi. In occasione del devastante terremoto dell'Aquila abbiamo vissuto giorni, mesi di straordinaria mobilitazione di tutta la società civile. Volontari in massa sul luogo del sisma, raccolta dei generi di prima necessità in ogni parte d'Italia, di donazioni, eventi finalizzati a devolvere gli incassi, uomini che hanno messo a repentaglio le proprie vite per soccorrere i feriti.

Non sto affermando che bisogna augurarsi eventi devastanti per stimolare il meglio dell'uomo, voglio semplicemente dirti che questo meglio esiste, è presente, ma il più delle volte è dimenticato.

ComunicAmore è la comprensione del legame che esiste tra ogni essere umano, è sentire che qualsiasi cosa accada agli altri è come se accadesse a te stesso. ComunicAmore è l'altra frontiera della comunicazione, è la vera rivoluzione, la strada opposta a quella dell'individualismo spietato. È il percorso che porta dritto all'essenza dell'uomo: l'Amore.

Buona lettura.

Luigi Miano

Dedicato ai miei due angeli,
Giulia e Laura,
che mi insegnano l'amore.

CAPITOLO 1:

Come comunicare veramente

«Quando parlo di amore non mi riferisco al sentimento
di legame con qualcuno, con una persona cara ecc.
Parlo di amore in un senso elevato di appartenenza al tutto,
un senso di pienezza e pace interiore. Io sono in amore quando
ho la capacità di sentire, di provare che la mia vita è pienamente
in divenire. Io sono in amore quando provo un senso
di pace interiore che si diffonde in tutto il mio essere
e intorno a me trasformandosi in energia».

Come guardare il mondo con occhi nuovi

In apertura voglio raccontarti un aneddoto che ripeto spesso nei miei laboratori di ComunicAmore: una persona si accorge di non vedere più bene, ha problemi nel mettere a fuoco a distanza le scritte, i volti delle persone. In preda all'ansia di risolvere al più presto questo fastidioso problema si reca da un suo amico oculista

Una volta nello studio dell'amico gli racconta il problema e questi fa tutti gli esami del caso. Infine prende un paio di vecchi occhiali che si trovavano sul suo tavolo e li porge al paziente dicendogli: «Con questi andrà sicuramente meglio: io ci ho visto sempre benissimo!» L'altro, con molto scetticismo, li indossa, prova a leggere le lettere alla parete, strizza gli occhi, ma non riesce a vedere nulla: «Io non vedo, ossia vedo peggio di prima; questi non vanno bene».

L'oculista: «Come non vanno bene? Non è possibile: hanno sempre funzionato per me!»
 L'amico-paziente: «Ti garantisco che non vedo nulla, peggio di prima».
L'oculista: «Se ti ostini a opporti, restituiscimi gli occhiali e trovati un altro oculista. E io che cercavo solo di aiutarti».

Chi è il vero miope: il paziente o il medico?
Possiamo definire il medico un miope della comunicazione e delle relazioni, perché egli è convinto che i suoi occhiali possano andare bene a chiunque.

Questo aneddoto (raccontato dal grande Stephen Covey in *Le 7 regole per avere successo*, Franco Angeli, Milano 2010), in apparenza scherzoso, presenta in realtà un problema molto più diffuso di quanto possa sembrare, che può mettere in pericolo amicizie, rapporti di lavoro, matrimoni: pensiamo di poter far vedere il mondo attraverso i nostri occhiali speciali e convincere gli altri a guardarlo come noi. Non capiamo la peculiarità delle cose, ma le intendiamo per come siamo noi.

«Il vero atto della scoperta non consiste nel trovare territori nuovi, ma nel vedere con occhi nuovi» (Marcel Proust).

SEGRETO n. 1: non pretendere di far vedere il mondo agli altri attraverso i tuoi occhiali. Osservalo anche attraverso le lenti altrui.

Come comunicare con efficacia

Comunicare, comunicazione: quante volte nel corso della nostra giornata sentiamo questi due termini? Quante volte noi comunichiamo veramente con l'intenzione di farlo e in maniera efficace?

In premessa due precisazioni:
1. molte volte confondiamo i mezzi e gli strumenti della comunicazione con la comunicazione stessa;

2. spesso non comunichiamo ma compiamo azioni che non completano il processo della condivisione verbale.

Oggi abbiamo strumenti tecnologici straordinari che accorciano le distanze, che ci permettono di condividere informazioni, che ci aiutano a rimanere in contatto (ventiquattr'ore su ventiquattro), ma questo *non* significa che stiamo comunicando.

L'etimologia, sia greca che latina, del termine "comunicazione" è connessa al significato di "condivisione" (rendere comune). Cosa significa condivisione? «Adesione, partecipazione a idee e sentimenti altrui» (dal Dizionario di italiano online Sabatini Coletti), cioè due o più persone che comunicano stanno mettendo *in comune* qualcosa, non c'è un soggetto passivo e uno attivo, ma ci sono due soggetti coinvolti in pari grado!

Ritorniamo alla domanda iniziale: quante volte nella tua giornata tipo ti succede di mettere in pratica una comunicazione intesa in questo senso? Fa' una prova: alla sera, metti per iscritto tutti gli episodi di comunicazione/condivisione che hai avuto nel corso della giornata. Ce ne sono molti?

Se hai difficoltà a individuarli non ti abbattere, accade a tanti.
Ma perché?

Partiamo dal nostro sistema educativo.

Non voglio fare processi ma solo indurre riflessioni. Ti sembra che nel nostro sistema educativo attuale sia presente in qualche forma un indirizzamento alla comunicazione intesa come condivisione, messa in comune ecc.?

All'interno del nucleo familiare c'è addestramento a una comunicazione efficace?

Purtroppo, anche in età matura, succede che le relazioni che reputi stabili vadano in pezzi, che nel tuo ambiente di lavoro tu ti senta solo, che abbia difficoltà a mantenere le amicizie, che viva nel conflitto, che abbia difficoltà a costruire relazioni affettive.

Qualche tempo fa ho aperto una rubrica online in cui gli utenti mi raccontavano le problematiche più svariate attinenti alle relazioni. A volte avevo la sensazione che si perdessero delle occasioni importanti per mantenere in piedi i rapporti, poiché non venivano applicati semplici principi attinenti l'arte della comunicazione. Uno di questi è, appunto, la condivisione.

SEGRETO n. 2: comunicare significa molto più di quanto si pensi di solito, è una messa in comune, un atto di condivisione.

Come passare dall'indifferenza al ComunicAmore

L'obiettivo di questo testo non è proporti un corso di comunicazione. In realtà è mia premura aiutarti a comprendere quali sono i limiti attuali dello scambio verbale e cosa significa ComunicAmore.

Ho quindi scritto in precedenza che, se noi intendiamo per comunicazione il mettere in comune e il condividere, la gran parte delle attività che riteniamo comunicative in realtà sono qualcosa di diverso. Il materialismo spinto dell'ultimo secolo ci ha portati a una grande chiusura rispetto al prossimo a uno spietato individualismo.

Mi colpì qualche tempo fa un episodio di cronaca: un anziano aggredito dall'autista di un autobus (la scena fu ripresa dalle telecamere di sicurezza di una banca) che crolla a terra senza potersi più muovere. I primi passanti lo ignorano, poi intervengono un paio di persone che lo rialzano, ma incredibilmente lo adagiano nuovamente a terra perché l'autobus che devono prendere sta partendo. Lasciano una persona anziana, in condizioni critiche a terra poiché hanno fretta!

L'indifferenza, la freddezza nei confronti del dolore altrui e della sofferenza mi fa paura, mi spaventa più della violenza. Questa è l'antitesi del ComunicAmore.

È vero anche che i media fanno a gara nel darci notizie terribili. Un campionario di tutto il peggio dell'essere umano. Possibile che non ci siano mai episodi di amore, di solidarietà, di compassione, di eroismo?

In realtà la gran parte di quello che accade nel mondo è straordinariamente positivo, soltanto che secondo i media non fa notizia e perciò non merita menzione.

Io spengo la televisione e *cerco il meglio dell'essere umano*.

SEGRETO n. 3: per superare l'indifferenza che ci circonda adotta una prospettiva nuova: cerca negli altri sempre il meglio.

Come uscire dagli schemi della paura

È stata costruita una poderosa macchina mediatica che dà la sensazione che il mondo sia fondato sulla violenza. La reazione qual è? Paura e chiusura.

Può una società basata sulla paura offrire benessere ai propri cittadini? Può consentire la realizzazione della felicità e della gioia di vivere? La paura, a livello biologico, blocca i processi di crescita, rallenta i rinnovamenti cellulari, mentre a quello psicologico ci rende inermi, confusi, bisognosi di affidarci a chiunque.

La paura genera solitudine e stress. La paura crea la malattia. Soltanto negli Stati Uniti, negli ultimi anni, il consumo di medicinali è aumentato di circa il cento percento annuo (in Italia del trenta percento all'anno). Oltre a quello farmacologico aumenta anche l'utilizzo di droghe e di alcolici (in particolare tra i giovani).

La paura è una falsa rappresentazione della realtà che nasce nella nostra mente, nelle nostre fantasie, e si lega alle emozioni negative. Essa può essere vinta soltanto affrontandola, vivendola: esci dal tuo mondo di chiusura, ti renderai conto così che non esistono soltanto uomini e donne violenti e cattivi, ma ci sono tantissime persone meravigliose! Esci e vivi la vita e le relazioni, autenticamente.

Io scrivo spesso che ci sono dei muri invisibili all'occhio ma conosciuti al cuore. Guarda quello che accade nelle grandi città: ritorniamo stremati la sera nei nostri condomini bunker e a malapena ci salutiamo con i vicini, spesso non sappiamo neanche chi sono! Ci guardiamo in faccia senza vederci, senza un cenno di saluto: questa è la vera paura.

SEGRETO n. 4: la paura va affrontata vivendo le relazioni con disponibilità e autenticità. Abbatti i muri invisibili all'occhio e conosciuti al cuore che circondano la tua esistenza, gli esseri umani sono meravigliosi. Esci dalla paura e dalla chiusura.

Come perseguire la felicità attraverso l'amore

Io sono sicuro che la strada del ComunicAmore sia quella che appartiene naturalmente agli esseri umani. Noi nasciamo gentili, compassionevoli, amorevoli, e quello che siamo oggi non è consono alla nostra natura.

Un bambino lasciato senza cure né affetto deperisce e muore, e se sopravvive diviene forse uno psicotico. I figli cresciuti senza amore hanno più possibilità di diventare individui violenti, oppure di distruggersi con la droga. Un ambiente di lavoro in cui non ci siano solidarietà, stima e lodi non favorisce la produttività dei dipendenti.

Daniel Goleman (nel libro *Intelligenza Sociale*, Rizzoli, Milano 2006) ci dice che la scienza medica ha individuato un meccanismo biologico che collega direttamente una relazione sentimentale "tossica" alle malattie del cuore. Il sistema immunitario viene stravolto e produce linfociti T.

Credo che ci sia la necessità di recuperare atteggiamenti naturali di amore e attenzione al prossimo.

Leo Buscaglia, compianto pedagogista americano, teneva nelle università americane lezioni sull'amore e i suoi corsi erano affollatissimi: i ragazzi avevano bisogno di capire cosa significa amore e amare.

I valori più importanti per i giovani della società attuale sono l'amicizia, l'amore e la solidarietà. Il ComunicAmore mette insieme il meglio delle discipline e della saggezza sociali, l'intelligenza emotiva e la conoscenza dell'amore, al fine di renderci felici.

Qual è la dimensione del ComunicAmore? È quella del rispetto, della vicinanza, della gentilezza, della compassione.

SEGRETO n. 5: creare relazioni funzionanti, legarsi agli altri esseri umani con amore, crea i presupposti chimici e psicologici per essere realmente felici.

Come si fa a comunicAmare

Il viaggio verso il ComunicAmore richiede un rinnovamento, una nuova era delle tue relazioni, un approccio mentale rinnovato. Gli iscritti al club del ComunicAmore credono che tutti gli esseri umani siano speciali e ogni persona possa arricchirli, che ogni incontro porti con sé il seme della conoscenza. Essi non hanno pregiudizi, sono totalmente aperti e curiosi.

Non giudicano, non etichettano, non dividono il mondo in buoni e cattivi. Non discriminano, non parlano male del prossimo, non si sentono superiori. Sono realmente interessati a qualsiasi essere umano, al suo retroterra, alla sua storia personale. Sono compassionevoli, gentili, buoni. Gli iscritti al club sono *leader dell'amore*, agiscono senza attendere un ritorno, danno amore incondizionatamente.

La comunicazione di amore è la comunicazione dal cuore, autentica, profonda. Madre Teresa diceva: «Oggi la gente è affamata d'amore, e l'amore è la sola risposta alla solitudine e alla grande povertà».

Quella di Madre Teresa è una comunicazione diretta che parla al cuore.

Chi ha avuto la fortuna di incontrarla racconta della profonda sensazione di amore che ella emanava. Questa grande donna aveva scelto di rischiare e soffrire e aprire il suo piccolo cuore alla vita e agli altri. Aveva scelto di offrire completamente se stessa in cambio di alcuna ricompensa materiale.

Nella dimensione del ComunicAmore noi abbandoniamo le resistenze, le chiusure, le paure, perdoniamo, pensiamo ad aprire il cuore alla vita e all'altro: diamo al mondo il meglio di noi.

«L'amore non dà nulla fuorché se stesso, e non coglie nulla se non da se stesso. L'amore non possiede, né vorrebbe essere posseduto, perché l'amore basta all'amore» (Kahlil Gibran).

RIEPILOGO DEL CAPITOLO 1:

- SEGRETO n. 1: non pretendere di far vedere il mondo agli altri attraverso i tuoi occhiali. Osservalo anche attraverso le lenti altrui.

- SEGRETO n. 2: comunicare significa molto più di quanto si pensi di solito, è una messa in comune, un atto di condivisione.

- SEGRETO n. 3: per superare l'indifferenza che ci circonda adotta una prospettiva nuova: cerca negli altri sempre il meglio.

- SEGRETO n. 4: la paura va affrontata vivendo le relazioni con disponibilità e autenticità. Abbatti i muri invisibili all'occhio e conosciuti al cuore che circondano la tua esistenza, gli esseri umani sono meravigliosi. Esci dalla paura e dalla chiusura.

- SEGRETO n. 5: creare relazioni funzionanti, legarsi agli altri esseri umani con amore, crea i presupposti chimici e psicologici per essere realmente felici.

CAPITOLO 2:

Come applicare il ComunicAmore

«Abbiamo dimenticato cosa sia guardarsi l'un l'altro, toccarsi, avere una vita di relazione, curarsi l'un l'altro. Non sorprende se stiamo morendo di solitudine».
Leo Buscaglia

Come entrare nel club: i primi cinque passi

E allora come si fa a comunicare realmente? O meglio qual è la strada verso il ComunicAmore, la nuova frontiera della comunicazione?

Oggi la comunicazione e le relazioni sono in uno stato di vera e propria emergenza! Ti basti pensare alla tua realtà quotidiana, alla mancanza di dialogo all'interno delle famiglie, ai fraintendimenti, alle rotture.

Vediamo allora i **dieci passi necessari a conquistare una padronanza del ComunicAmore.**

Come determinare l'intenzione

Io ritengo necessario partire dall'analisi dell'intenzione. La domanda che devo pormi prima di entrare in contatto con qualsiasi persona singola, organizzazione, associazione ecc. è: «Quali sono le mie intenzioni riguardo a questo incontro/contatto?»

Dale Carnagie, grande maestro di comunicazione e relazioni di inizio secolo, riporta nel suo splendido libro *Come trattare gli altri e farseli amici* (Bompiani, Milano 2001) un vecchio sondaggio fatto da una grande compagnia telefonica americana: la parola più usata (o meglio abusata) nelle conversazioni telefoniche era "io".

Abbiamo o ci hanno installato un "software dell'egocentrismo" e continuiamo a credere che quello che ha rilevanza nella vita è la nostra esperienza soggettiva.

Ogni essere umano (e di questo parla abbondantemente ancora Dale Carnagie) vuole sentirsi apprezzato, ma come può esserlo se incentra la sua comunicazione su se stesso/a?

Voglio assegnarti un compito pratico: esercitati a esprimere almeno **un apprezzamento al giorno**, motivandolo, magari rivolto a quelle persone che ti circondano nella vita di ogni giorno, che ti supportano e tu non elogi mai.

Osserva attentamente le reazioni provocate: noterai degli inaspettati cambiamenti in positivo.

L'intento del Comunicatore (quello con la C maiuscola) è di entrare nel mondo altrui con grande rispetto e curiosità (volendo realmente conoscere e arricchirsi) e condividere con l'interlocutore il proprio mondo. Un baratto con il cuore di esperienze, idee e conoscenze attuato con disponibilità.

Una volta, a un corso, un ragazzo mi chiese: «Tu, Luigi, come fai a essere così aperto, solare ed empatico? A me non capita quasi mai di sentirmi a mio agio con le persone, invece con te lo sono, cosa accade?» Indagando venne fuori che lui si sentiva tradito da esperienze relazionali del passato e le sue aspettative su ogni incontro erano assolutamente "nere" perché aveva moltissime ferite aperte.

È come la storia di quel viandante che scendendo da un piccolo villaggio tibetano di montagna verso la collina incontra un monaco intento a dissodare il terreno e gli chiede: «Che lei sappia, quale tipo di persone vive nel villaggio giù a valle?». Il monaco risponde con una domanda: «Che tipo di esperienza hai avuto nel villaggio su in montagna?». E il viandante: «Terribile, non mi sono mai realmente ambientato, la gente è scostante, distaccata, fredda e maleducata!» Il monaco laconico: «Avrai la stessa esperienza».

E poi scende un altro viandante e ugualmente domanda: «Che lei sappia, che tipo di persone vive nel villaggio giù a valle?» E l'altro rifà la stessa domanda: «Che tipo di esperienza hai avuto nel villaggio su in montagna?» Il viandante: «Fantastica! La gente è meravigliosa, aperta, solare, ho lasciato dei veri amici». Il monaco laconico: «Avrai la stessa esperienza».

Com'è possibile che il saggio risponda nello stesso modo a due persone differenti? Perché ciascuno dei due determinerà la propria esperienza soggettiva sulla base delle proprie aspettative.

Come avere un intento che favorisce le relazioni?

Quello su cui potrai sicuramente lavorare consapevolmente è l'**attitudine**. Mi spiego meglio: la mia attitudine generale è di massima apertura, curiosità, vera e propria fame di conoscere persone, storie, esperienze differenti dalla mia.

Cosa c'è alla base di questa attitudine? Delle **convinzioni.** Cosa sono le convinzioni? Tutto ciò che tu reputi essere vero per te in merito a una determinata area della vita, in questo caso ciò che stimi vero in merito all'area delle relazioni (affettive, amichevoli, lavorative).

Per ragioni di spazio e opportunità non starò a spiegarti i meccanismi (molto complessi) di formazione delle convinzioni, ma ti porterò a lavorare direttamente su di esse. Ti propongo solo un'immagine: tieni conto che le nostre convinzioni sono come delle lenti speciali che ci fanno vedere la realtà come pensiamo debba essere in coerenza con esse. Le convinzioni cercano delle conferme nella realtà esperienziale per cui se io penso che tutti gli uomini siano cattivi o in malafede, troverò e cercherò inconsciamente esperienze che lo confermino.

Il primo determinante passaggio è: **sviluppare la consapevolezza**, avere coscienza dei meccanismi inconsci relativi alle credenze che lavorano dentro di te. Tu sai esattamente quali sono le tue convinzioni in merito agli altri esseri umani, alle relazioni interpersonali, agli uomini e alle donne?

Esercizio 1: ti chiedo di prendere carta e penna e scrivere di getto le tue convinzioni (cosa ritieni essere vero) sulle relazioni in generale, sugli altri esseri umani, sull'amicizia, sull'amore, sui rapporti di lavoro. Insomma tutto ciò che ti mette in contatto con gli altri e che ti sta causando problemi, oppure di cui non sei ancora consapevole che possa causarteli.

Utilizza tutto il tempo che ritieni opportuno e scrivi autenticamente. Terminata questa prima parte di lavoro rileggi il tuo elenco e prendine coscienza: quella convinzione che hai contribuito a formare e a rendere ben salda è come un tavolo, un ripiano di legno che poggia su quattro gambe ben solide, queste sono i riferimenti della credenza.

Faccio un esempio, mettiamo che la mia convinzione radicata sia: «Le altre persone mi evitano perché mi ritengono poco interessante e banale». Così di primo approccio mi verrebbe da chiedere chi è che ritiene che tu sia banale e poco interessante, gli altri o tu stesso?

Ci sono all'interno di questa convinzione delle generalizzazioni, cancellazioni e distorsioni enormi. Ossia vengono presi episodi estratti dalla tua realtà e resi un'esperienza universalmente valida. Le esperienze contrarie a quelle contenute nella convinzione sono ignorate e i dati considerati sono estrapolati da contesti differenti. Insomma un gran bel pasticcio della mente!

Innanzitutto quel «le altre persone» è così generico, così poco specifico. Altre persone chi? Tutto il mondo relazionale? Di chi si tratta nello specifico? Chi intendi con «altre persone»? Tu ti senti altro?

Occorre cominciare a **delimitare il terreno di questa convinzione** perché come tutte le idee di cui ci persuadiamo è illogica e immotivata. Hai presente l'operazione attuata quando c'è un incendio su un terreno agricolo? Per spegnerlo la cosa più efficace da fare è scavare dei solchi col trattore intorno per controllarlo pian piano. Stessa operazione va fatta per la tua convinzione limitante.

Questa è la prima gamba del tavolo e direi che con un buon lavoro di indagine può essere segata (e il tavolo traballa).

Per delimitare la tua idea preconcetta, parti dall'analizzare le parole che scegli: "evitare" è generico poiché con esso si possono intendere molte sfumature di significato. In cosa nello specifico si concretizza questo "evitare"? E anche gli altri due aggettivi scelti, "interessante" e "banale", sono non specifici e vanno delimitati.

"Interessante" rispetto a cosa e a chi? "Banale" per chi? E poi potrei chiederti: «Ricordi uno o più episodi in cui le persone non ti hanno evitato? Ce n'è uno in cui coloro con cui sei entrato in contatto si sono soffermati a parlare con te, a conoscere la tua storia?»

Il lavoro da fare è **razionalizzare la convinzione** e segare le gambe di questo tavolo che hai costruito nel tempo. Se essa è priva di riferimenti si sgretolerà, si scioglierà come neve al sole. Ti chiedo di esercitarti a fare questo su ogni singolo preconcetto che hai nell'area relazionale e che ritieni ti stia causando problemi.

La convinzione sgretolata andrà sostituita per non lasciare un vuoto colmabile in poco tempo da altra immondizia. Sostituiscila con un'idea produttiva.

Per esempio: «Le altre persone mi evitano perché mi ritengono poco interessante e banale» è sostituibile con: «Qualsiasi essere umano io incontri ha piacere di stare con me e mi trova carismatico e interessante, così come io giudico lui stimolante».

SEGRETO n. 6: la qualità della nostra comunicazione è determinata dalle intenzioni e dalle convinzioni che abbiamo in merito alle relazioni.

Come abolire il giudizio

Ti chiedo ancora una volta di essere sincero con te stesso: pensa a quando incontri una persona nuova oppure osservi qualcuno che non conosci. Sei libero da pensieri giudicanti? Se la tua risposta è sì, complimenti sei sulla strada del ComunicAmore!

Se la tua risposta è no, non ti abbattere poiché sei in linea con la stragrande maggioranza degli esseri umani.

Il giudizio è un pericoloso virus invadente e subdolo che agisce sottotraccia e molte volte sfugge alla consapevolezza. Il giudicare, l'essere giudici, ti erge a dispensatore di verità, a supponente valutatore della vita altrui. **Il giudizio serve ad attenuare le tue ansie e paure**, ti rassicura, pensaci. Paura di cosa? Paura dell'ignoto, paura di metterti in discussione, paura del confronto: noi, *in primis*, siamo i giudici più spietati nei nostri confronti.

Qualche tempo fa mi trovavo in autobus (viaggio spesso con i mezzi pubblici) e ho fatto una scoperta sensazionale che mi ha lasciato di stucco. Mi sono messo a osservare i miei pensieri giudicanti ogni volta che guardavo uno sconosciuto. La mia mente era affollata di pregiudizi e pareri non fondati. Questo mi ha profondamente colpito e mi ha fatto riflettere su quanto il mio approccio agli altri possa essere profondamente influenzato da qualcosa che esiste soltanto nella mia mente.

Non mi sono fermato qui, ma ho riflettuto sul perché accada questo.

Sono giunto a queste conclusioni:
1. adotto una strategia difensiva di fronte all'ignoto. La mia mente riempie gli spazi di non conosciuto attraverso pensieri che attingono alla mia realtà soggettiva attribuendola agli altri;
2. credo che la radice di questo atteggiamento risieda nella paura intesa come sfiducia e chiusura rispetto al mondo ignoto.

La prossima volta che avrai la tentazione di giudicare adotta la strategia che uso personalmente con successo, attuata attraverso tre step:
1. consapevolezza;
2. stop;
3. amore.

Non ti spaventare, è molto semplice: il primo passo è prendere consapevolezza di quello che sta accadendo nella tua mente. Appena ti rendi conto dei tuoi pensieri giudicanti dai l'ordine di "stop" alla mente. Immagina proprio il cartello stradale dello "stop" davanti ai tuoi occhi!

Infine sostituisci i pensieri giudicanti con l'unico grande, maestoso pensiero di amore e visualizza la parola "amore" o una immagine legata a essa (un cuore, una persona, un bambino ecc.). Prova, ti renderai conto che funziona.

In chiusura di questo capitolo, voglio raccontarti una storia bellissima sui pregiudizi e le apparenze. È la storia di due angeli, uno giovane e inesperto e uno anziano e saggio. I due, dopo aver camminato giorni e giorni senza sosta, ormai sfiniti si fermano davanti alla porta di una meravigliosa villa in cerca di riparo e ospitalità.

Bussano e apre loro un uomo distinto cui chiedono con grande umiltà: «Scusi buon uomo, sono giorni che camminiamo senza sosta e siamo sfiniti. Avrebbe un rifugio per la notte e un pasto caldo da offrirci?» L'uomo freddamente risponde: «Se volete, potete dormire giù nella cantina, ma quanto al pasto non se ne parla proprio!», questo nonostante l'uomo fosse ricchissimo e la villa gigantesca con almeno dieci stanze da letto e ci fosse abbondanza di viveri.

Mentre i due angeli si accomodano per sistemarsi nella cantina, il più anziano vede un buco nella parete e lo ottura. L'altro, quello giovane, chiede: «Cosa stai facendo?» e lui risponde con una frase criptica: «Nulla è ciò che sembra».

Il giorno seguente i due si rimettono in cammino e dopo ore si imbattono in un'altra casa, questa volta molto povera, tutta di legno e piccolissima. Bussano alla porta e aprono due persone anziane, che, dopo aver ascoltato le richieste dei viaggiatori, si offrono di dividere la magra cena e il loro unico letto con loro.

Il giorno dopo l'angelo giovane, affacciatosi in cucina, sente gli anziani padroni di casa piangere e chiede loro il perché di quella disperazione. I due con le lacrime agli occhi gli spiegano di aver perso per sempre la loro mucca, unica fonte di sostentamento.

Allora l'angelo giovane e inesperto, arrabbiatissimo, chiede spiegazioni di questa enorme ingiustizia all'anziano che con molta calma spiega: «Vedi, l'altra sera in quella casa di ricchi avidi ho visto quel buco e l'ho tappato perché dentro c'erano tutti i loro risparmi. Constatata la loro enorme avidità ho deciso di punirli impedendogli di trovarlo.

Invece ieri notte, qui si è presentato l'angelo della morte che voleva prendere la signora e io non l'ho permesso, ma in cambio ho dovuto dargli la mucca. Come ti ho già detto: nulla è ciò che appare».

SEGRETO n. 7: il giudizio si fonda sulla paura e l'insicurezza ed è un virus pericoloso. Puoi bloccare il giudizio attraverso la strategia di consapevolezza, stop e amore.

Come evitare di etichettare «Etichettare: fornire di etichetta, classificare, bollare». Così come l'etichetta delle merci una volta attaccata fisicamente rimane esposta al pubblico ed è insostituibile, così avviene nei confronti delle persone. Siamo ormai abituati a classificarle come le merci: quello è bello, brutto, cattivo, quella donna è superba, arrogante, presuntuosa per non dire di peggio. Un passo imprescindibile è quello di cancellare tale deleteria abitudine.

Ti ricordi cosa succedeva a scuola? Quando un professore pensava di uno studente che fosse uno scansafatiche, indipendentemente dalla fondatezza del giudizio, questo non mutava nel tempo. E poi accadeva inevitabilmente una cosa: lo studente cominciava a comportarsi in base alle aspettative del professore di turno. Questo viene chiamato tecnicamente **effetto Pigmalione**.

Chi era Pigmalione? Re di Cipro, era un abile scultore che creò una statua d'avorio a cui diede il nome di Galatea. Egli però si innamorò della scultura e pregò Afrodite, dea dell'amore, di darle vita. La dea lo accontentò e Pigmalione sposò Galatea. La statua divenne la donna dei suoi sogni in carne e ossa e lui ottenne ciò che veramente voleva.

La nostra famiglia sin dai primissimi anni comincia a etichettarci: noi siamo timidi, estroversi, pigri, ecc.

Naturalmente non possiamo sin da allora renderci conto che questo sta incidendo profondamente su di noi e sulla nostra identità.

Applicazione pratica

Comincia a pensare da oggi stesso in termini di *comportamento* e non di *essere*. Noi ci comportiamo in determinate circostanze in certi modi o in altri, evita di dire di qualcuno che è in un certo modo, parla soltanto del suo modo di fare. A me aiuta molto pensare che le persone facciano del loro meglio in relazione alle circostanze, alle risorse e alle loro conoscenze. È un'attitudine che aiuta moltissimo a sviluppare compassione e tolleranza.

Pensate a quanto possa essere percepito in maniera differente un messaggio così formulato: «Credo che in questa circostanza tu abbia sbagliato», rispetto a un perentorio «sei un idiota!». Attenzione alle frasi che usiamo, cautela!

Il bambino fino a sei anni ha un cervello che emette onde theta (tra i sei e gli otto HZ), cioè quelle dell'attività immaginativa, della fase REM del sonno, della creazione. Grazie a tali frequenze possono caricare nel loro cervello una quantità elevata di dati; essi osservano attentamente l'ambiente e ricevono la sapienza del mondo trasmessa loro dai genitori direttamente nella memoria subconscia. Attenzione a cosa gli diciamo, potremmo influenzarli per sempre!

È molto interessante che ai miei corsi spesso mi senta dire: «C'è quella determinata persona che si comporta con me veramente male, è cattiva, giudicante, arrogante». E io chiedo ribaltando l'ottica: «Tu che aspettative hai nei suoi confronti? L'hai già etichettata o aspetti con differente apertura le sue reazioni?»

Siamo noi che determiniamo i comportamenti altrui in base alle aspettative che abbiamo su di essi. È una prospettiva grandiosa che porta verso il ComunicAmore, adottala.

SEGRETO n. 8: le etichette affibbiate alle persone, quasi fossero delle merci, le ingabbiano in una valutazione asfittica della loro identità.

Come evitare la maldicenza

L'arte della maldicenza, in cui la parola "arte" è un eufemismo, è una pratica purtroppo assai diffusa.

Negli ambienti di lavoro in particolare, come in quelli domestici e tra amici, si passa spesso il tempo a "sparlare" della vittima di turno. Le catene della maldicenza provocano gravissimi danni nei confronti di chi le subisce, inoltre tale atteggiamento ha qualcosa di *virale* perché si trasmette di persona in persona.

Ti sei mai chiesto perché questo modo di comportarsi sia così diffuso, tanto da risultare una sorta di "pandemia"? Credo ci sia alla base una sorta di **ricerca della rassicurazione rispetto alle ansie** e alle paure. Mettendo in evidenza le disgrazie o le debolezze, altrui ci si sente apparentemente più forti. Dal punto di vista emozionale non ci fa sentire bene, ci lascia storditi, come se non fossimo "a posto".

Prova a soffermarti consapevolmente sulla differenza emozionale che esiste tra parlare bene di qualcuno oppure "sparlarne". È notevole vero?

Sperimenta: da oggi in poi quando ti troverai a far parte di un gruppo che sta spettegolando, abbandonalo.

Va' via momentaneamente senza dare spiegazioni, non prenderne parte! Ricorda che per ogni dito che tu punti contro qualcuno ne avrai dieci puntati verso di te! Riceverai lo stesso trattamento non appena le volti le spalle.

SEGRETO n. 9: la maldicenza è un atto disdicevole che solo apparentemente dà sollievo a chi lo pratica. Distaccati da questo modo di fare.

Essere flessibile come il bambù

C'è un principio su cui insisto molto durante i miei corsi di formazione: è quello della **flessibilità.** Flessibile è ciò che può essere piegato senza spezzarsi, che è capace di adattarsi alle varie situazioni. Io uso l'immagine del bambù perché è una pianta molto particolare, capace di resistere alle intemperie, piegandosi per poi ritornare al punto di partenza senza essere danneggiata.

Noi siamo abbastanza supponenti da pensare che la nostra visione del mondo sia assoluta. Tieni invece presente che quando acquisiamo dati dalla realtà questi subiscono un'infinità di filtri.

Prima di tutto noi li percepiamo tramite i sensi, che già costituiscono un'interpretazione soggettiva del mondo. In seguito le informazioni immagazzinate passano attraverso i filtri neurologici imposti dal nostro sistema nervoso; attraverso quelli culturali, sulla base della nostra esperienza, valori, convinzioni; infine dalle maglie individuali legate al nostro modello della realtà (semplice o complesso).

Tu pensi che dopo questi infiniti passaggi la visione che hai di ciò che ti circonda possa essere uguale a quella di un altro essere umano?

Occorre inserire nel tuo approccio due elementi indispensabili: il **dubbio** e l'**ascolto**. Chiediti se qualsiasi storia ti stai raccontando o ti stanno raccontando sia effettivamente utile a te, se sia congeniale ai tuoi valori, alla tua missione di vita. Concentrati sull'ascolto che va oltre l'udito, con l'intenzione e con il cuore. Andiamo, supera le parole, che sono solo segni convenzionali a volte usati in maniera inappropriata. Il dubbio è sintomo di saggezza e apertura e ci aiuta a conoscere facendoci uscire dalle rigidità.

La mappa non è il territorio (o per riportarlo in termini più moderni: il navigatore satellitare non è il territorio) significa che la rappresentazione che si dà di un luogo non è il luogo stesso.

Le mappe sono la nostra croce e delizia: delizia in quanto ci permettono di semplificare i dati della realtà, croce perché ci fanno perdere flessibilità e creano dipendenza da esse: a volte semplificano troppo! Avete presente quello che accade quando il navigatore satellitare (oggi è, come dicevo, preferibile parlare di navigatore anziché di mappe) non funziona e noi non sappiamo come muoverci, neanche nella nostra città?

Più saremo abili nel metterci dalla parte dell'interlocutore e guardare il mondo con i suoi occhi, più riusciremo ad avere una vita relazionale felice!

Esercizio 2: questo esercizio di visualizzazione, liberamente tratto dal libro del maestro tolteco Don Miguel Ruiz, *Il quinto accordo* (Il Punto d'incontro, Vicenza 2010) cambierà per sempre la tua visione dei rapporti interpersonali.

Ti chiedo di trovare un luogo dove non sarai disturbato per almeno dieci minuti. Puoi stare comodamente seduto con i piedi poggiati per terra, le braccia a riposo sulle gambe o come ti trovi maggiormente a tuo agio. Rilassati e lascia andare completamente i tuoi pensieri, per entrare nella scena che ti farò vivere. Concentrati sul tuo respiro, sull'inspirazione e sull'espirazione.

Ti stai recando a un cinema multisala. Per facilitare la visualizzazione ricorda l'ultima volta che sei stato in un posto del genere, hai pagato il biglietto, sei solo e stai percorrendo un lungo corridoio con le luci soffuse dove si trovano le sale di proiezione. La prima ti ispira, ma non sai che film proietteranno.

Entri e ti metti comodamente seduto in seconda fila. Davanti a te ci sei tu, o meglio il tuo alter ego fisico o qualcuno che ti assomiglia come una goccia d'acqua. Inizia il film e ti rendi conto che si tratta della storia della tua vita. È la proiezione della tua esistenza esattamente come la ricordi tu. Ci sei tu proprio così come ti conosci guardandoti allo specchio e poi c'è la tua famiglia, tua madre, tuo padre, i tuoi fratelli, sorelle ecc.

Il film è scontato, noioso. Tu sai già tutto, lo conosci perfettamente. Esci dalla sala piuttosto deluso, nessun colpo di scena, nessuna verità particolare, nulla che possa cambiare la tua esperienza.

Sei curioso di vedere cosa danno nelle altre sale, in quella accanto c'è un film diverso, entri e ti posizioni sempre nella seconda fila di poltrone. Di che si tratterà questa volta? Ancora della tua vita? Inizia la proiezione e ti accorgi che è la storia di tua madre. Questa volta è tutto diverso da quello che sai e conosci o che ti sei sempre rappresentato.

Ci sei anche tu! «Ma non è possibile, io non sono così! Mia madre mi vede così? Che strano. Sembra tutt'altra storia differente dal mio film...» Sei sconvolto, ti fai mille domande, non ti saresti mai aspettato nulla del genere. Esci dalla sala in preda a un turbamento interiore, ti senti cambiato e vuoi saperne di più.

Vai nella sala successiva e assisti al film di tuo padre, e poi dei tuoi fratelli e via via di tutte le tue persone care. Sono storie diverse e tu appari sempre differente, arrivi al punto di pensare che non sai più chi sei e quale sia la *tua* storia. Dov'è la verità? Esiste un'unica verità?

Quella che hai osservato all'inizio è soltanto la tua visione e poi ci sono le altre rappresentazioni che appartengono ai loro autori.

C'è un ultimo elemento che contribuisce a mio parere a renderci rigidi nelle relazioni, ed è la tendenza a rimanere nella zona di comodità (zona di comfort).

Che cos'è **la zona di comodità**? È l'ambito in cui ci muoviamo costantemente e che conosciamo molto bene all'interno del quale ci sentiamo sicuri. Se vado a pranzo da mia madre tutte le domeniche sono sereno e nella mia zona di conforto; se invece vado a un corso di formazione, in un posto che non conosco, da solo, sto uscendo potentemente dalla zona di comodità.

Se continuiamo a pensare di frequentare le stesse persone, gli stessi ambienti per sempre, non agevoleremo una nostra evoluzione e crescita, non saremo mai flessibili.

SEGRETO n. 10: essere indipendenti dalle tue mappe del mondo ti aiuterà molto nell'essere flessibile. Ricorda sempre che ciascuno ha la sua personale visione della realtà.

RIEPILOGO DEL CAPITOLO 2:

- SEGRETO n. 6: la qualità della nostra comunicazione è determinata dalle intenzioni e dalle convinzioni che abbiamo in merito alle relazioni.

- SEGRETO n. 7: il giudizio si fonda sulla paura e l'insicurezza ed è un virus pericoloso. Puoi bloccare il giudizio attraverso la strategia di consapevolezza, stop e amore.

- SEGRETO n. 8: le etichette affibbiate alle persone, quasi fossero delle merci, le ingabbiano in una valutazione asfittica della loro identità.

- SEGRETO n. 9: la maldicenza è un atto disdicevole che solo apparentemente dà sollievo a chi lo pratica. Distaccati da questo modo di fare.

- SEGRETO n. 10: essere indipendenti dalle tue mappe del mondo ti aiuterà molto nell'essere flessibile. Ricorda sempre che ciascuno ha la sua personale visione della realtà.

CAPITOLO 3:

Come entrare nel club

Se hai seguito i passi elencati fin qui in maniera scrupolosa, sono certo che hai la determinazione necessaria a voler entrare a far parte del club esclusivo del ComunicAmore. Sono convinto inoltre che continuerai a impegnarti nell'applicazione pratica dei seguenti ulteriori cinque passi, determinanti per essere iscritti nel club.

Come diventare un ottimo ascoltatore

Ci sono tantissime storie sull'ascolto. Voglio raccontartene una breve e significativa. Uno zoologo e un suo carissimo amico stanno percorrendo i viali trafficati di una città molto grande. Lo zoologo interrompe la sua falcata e dice all'amico al suo fianco: «Scchh! Fermati e ascolta i grilli. Li senti?» L'amico, piuttosto sorpreso: «Come fai a sentire i grilli con tutto questo rumore? I grilli!» e si mette a ridere. Lo zoologo a quel punto fa cadere una moneta che produce un rumore sonante nel toccare terra. Tutte le persone che si trovano nei paraggi si fermano avendo udito il rumore e si mettono a cercare con lo sguardo la moneta. Lo zoologo soddisfatto chiosa: «Questa è una lezione molto importante: le persone ascoltano ciò che vogliono veramente sentire».

Il sesto passo ha a che fare con **l'ascolto**, lo strumento più importante e incisivo per chi aspira a laurearsi in ComunicAmore. Ti avverto, è anche quello più complicato da sviluppare e affinare, poiché richiede molto allenamento.

Quanti ascoltatori "veri" conosci? Ti ritieni un buon ascoltatore? Farai fatica a rispondere a queste domande.

Io personalmente conosco pochissimi ottimi ascoltatori e francamente sono le persone con cui sto meglio. Essere ascoltati ci fa stare bene, ci mette a nostro agio, ci fa sentire apprezzati, compresi. Succede anche a te? Moltissime volte desideriamo soltanto essere ascoltati, ottenere attenzione e comprensione e non cerchiamo risposte.

C'è una storia molto divertente riguardante il presidente Roosevelt. Egli riceveva ogni giorno lunghe file di persone alla Casa Bianca e ciò che lo scocciava era che nessuno fosse veramente interessato ad ascoltare. Un giorno decise di dire la stessa frase a ognuno: «Stamane ho ucciso mia nonna». Nessuno fece caso all'affermazione, c'era chi annuiva, chi sorrideva, chi rispondeva tutt'altro. Tra tutti, uno solo colse la provocazione e fu l'ambasciatore della Bolivia che rispose: «Sono sicuro che se lo meritava!»

Perché ascoltare è così complicato? Perché abbiamo bisogno di tanto allenamento per praticare un qualcosa che nella comunicazione dovrebbe essere naturale?

Pensaci bene: abbiamo imparato prima a scrivere e a leggere, poi a parlare, a ragionare, a processare informazioni, ma l'ascolto?

C'è un sostanziale disinteresse verso di esso, espresso anche nei modi di dire più comuni. Ad esempio si afferma spesso: «Ha una parlantina! È veramente sveglio farà strada nella vita!» Non ho mai sentito dire: «È un grande ascoltatore farà strada». Resistenze culturali dure a morire.

Si è sempre associato il saper parlare al potere e la posizione di ascolto a una situazione di debolezza sociale. In realtà chi ascolta detiene il vero potere nella comunicazione. Liberiamoci da questi preconcetti duri a morire.

Stephen Covey, esperto di management e comunicazione, nel suo bestseller *Le 7 regole per avere successo* (Franco Angeli, Milano 2010) dice che «nel momento in cui ascoltiamo con gli occhi e con il cuore stiamo dando aria psicologica al nostro ascoltatore».

Gli esseri umani cercano comprensione, e quale strumento migliore dell'ascolto per fornirgliela? Io parlo di ascolto empatico e ti spiego brevemente cosa intendo. L'ascolto empatico è innanzitutto una pratica attiva e non passiva che richiede grande concentrazione e attenzione. Esso sottende amore e curiosità nei confronti dei nostri simili.

L'ascolto empatico non è un ascoltare fine a se stesso. È un modo per conoscere, per capire, per raccogliere informazioni, storie, per arricchirsi, apre un canale emozionale tra te e l'altro, è una mano tesa verso di lui. È incredibile quanto esso sia appagante per chi ascolta e chi parla e come possa far nascere storie, amori, amicizie.

Ti propongo due esercizi, per allenarti all'ascolto attivo.

Esercizio 3: dedica cinque minuti al giorno ad ascoltare tutti i rumori, i rumori che ti circondano, anche quelli che puoi reputare insignificanti (un cigolio, un soffio di vento ecc...) e mettili per iscritto. Il modo più stimolante sarebbe di restare immersi nei suoni naturali, ci fa sentire in sintonia con il tutto.

Esercizio 4: viene svolto dai tirocinanti di Programmazione Neurolinguistica e consiste nel far gettare a terra (da un amico/a, moglie, fidanzata) monete diverse e memorizzare il suono associato a ognuna. Poi si ripeterà l'operazione tenendo gli occhi chiusi e cercando di indovinare quale sia la moneta caduta.

Con l'allenamento comincerai ad andare oltre le parole, ad avere intuizioni sul mondo emozionale dell'essere umano. Ti sentirai empatico rispetto alle sue emozioni, entrerai nel suo mondo e ne resterai affascinato.

Voglio aggiungere anche che divenire ottimi ascoltatori degli altri passa attraverso **l'ascolto di se stessi**. In primo luogo conoscendo la tua voce interiore, sai quella vocina che molte volte durante il corso della giornata non ti lascia tregua? Quella che a volte ti svaluta, ti butta giù. Comincia ad ascoltare veramente cosa vuole dirti e la qualità delle sue affermazioni.

Se proverai a mettere per iscritto quel dialogo comprenderai molte cose. In generale ascolta tutti i segnali che arrivano da te stesso, dal tuo corpo, le domande che ti poni, i tuoi pensieri: questa probabilmente è la parte più importante. E allora buon ascolto di te stesso e degli altri!

SEGRETO n. 11: l'ascolto è la facoltà più complicata di tutta la comunicazione umana, ma è anche la più importante. Ascolta con il cuore oltre le parole. Ascolta te stesso.

Come accettare il torto

Vuoi avere sempre ragione? Sei il tipo che farebbe carte false per ottenere la sua buona parte di soddisfazione difendendo l'indifendibile?

Sappi che voler avere sempre ragione ti allontana dal nostro club del ComunicAmore. Sei comunque in buona compagnia perché ammettere di avere torto sembra non piacere a molti.

Passiamo una vita a veder confermate le cose che già sappiamo e questo ci dà sollievo.

Sentire che la tua autostima può essere scalfita dall'ammissione di un torto significa che può andare a pezzi per un qualsiasi episodio contrastante.

Ragiona su un fatto: quando non ammetti di aver sbagliato non avrai fatto un solo passo avanti verso la tua crescita! Sei sempre uguale, non impari, non conosci attraverso l'errore. Che bello invece sentirsi sereni nell'ammettere di aver sbagliato e sentirsi forti proprio per questo. Esso è un privilegio riservato a pochi grandi!

SEGRETO n. 12: ammettere di avere torto è complicato ma essenziale per essere iscritto di diritto al club. La ragione non fa crescere.

Come conoscere la tua ombra

L'ottavo passo consiste nell'assimilare e rendere pratico un principio di capitale importanza: **l'altro è lo specchio di noi stessi**. Ti faccio una domanda: quale utilità pensi possa avere l'instaurare delle relazioni? Pensaci un attimo…

Le relazioni servono per conoscerci, per metterci alla prova, per sperimentare quello che va e non va di noi; sono il nostro "tester", attraverso il quale possiamo verificare a che punto siamo e dove stiamo andando. Cambiamo noi e cambia la qualità delle nostre relazioni interpersonali. Questa è la premessa, ma ora andiamo al nocciolo.

Conosci sicuramente qualcuno che trovi inavvicinabile, che non sopporti e che tieni a distanza. Bene, quel qualcuno è la tua benedizione! Potrai pensare che ti sto prendendo in giro, invece sono certo di quello che dico, avendolo sperimentato personalmente. Sono proprio le persone che trovo difficili a farmi crescere veramente.

Certo noi siamo facilitati nello stringere amicizie, amori, accordi con chi sentiamo vicino, simile a noi, e questo è naturale.

Le persone affini entrano in assonanza con quello che di noi accettiamo e conosciamo bene e tutto sommato ci piace. C'è crescita in questo? Poca. Quando c'è qualcuno che "a pelle" non ci piace, che detestiamo, che ci provoca avversione dobbiamo porci questa domanda evolutiva: «Quali aspetti della sua personalità non mi piacciono? Corrispondono forse a qualcosa di me che ho rinnegato, che non mi piace o che vorrei anch'io avere?» Queste persone portano in luce la nostra ombra!

Ti faccio un esempio pratico. Al mio laboratorio sulla comunicazione e le relazioni una signora una volta mi ha detto:

«Ci sono delle persone con e quali ho veramente difficoltà a entrare in relazione. Sono per lo più quelle autoritarie, decise, con delle doti di comando», e poi ha continuato, «perché io sono così dolce e buona».

Il fatto che lei volesse dare tale immagine di dolcezza e bontà non mi convinceva pienamente per cui le chiesi: «Pensi che ci sia qualcosa in te di simile a queste persone che tieni a distanza?» In effetti avevo colto nel segno. C'era in lei un aspetto autorevole, molto deciso, maschile che aveva tenuto a bada per molto tempo e con cui prima o poi avrebbe dovuto fare i conti. L'ho incoraggiata ad andare incontro a queste persone con cautela piuttosto che ad allontanarle.

SEGRETO n. 13: le persone che detesti sono la tua benedizione perché dietro di loro si nascondono le tue parti ombra.

Come sostituire l'invidia con l'ammirazione

L'invidia è un sentimento deprecabile che non ci permette di crescere, sostituiscila invece con l'ammirazione: sarai tu per primo ad averne giovamento.

Come nasce l'invidia? Io credo si generi da un misto di senso di frustrazione, rabbia repressa, paura e repressione di alcune parti di noi. Essa è frutto di un senso di impotenza rispetto a qualche realizzazione personale, una mancanza di autostima e una sensazione di inferiorità. Quando incontro qualcuno che è più di me mi metto nella posizione difensiva (se invidio) di non voler imparare nulla da lui anzi di contestarlo in ogni modo.

L'invidia non ci predispone a crescere, l'invidia non ci permette di evolverci e attrarre occasioni positive nella nostra vita. Al contrario, ammirare qualcuno che è più di noi o sa più di noi è un meccanismo meraviglioso poiché genera un processo di emulazione che ci permette una grande crescita.

Nella mia vita, sono sempre stato predisposto all'apprendimento continuo, in particolare dimostrando molto rispetto nei confronti delle persone che sapevano più di me. Così ho potuto essere oggi quello che sono, in un continuo processo evolutivo.

SEGRETO n. 14: l'invidia non ci permette di evolverci, l'ammirazione invece crea processi di emulazione che ci permettono di crescere.

Come cercare sempre il bello negli altri

Quando qualcuno mi chiede: «Come faccio a farmi piacere una persona che non sopporto? Non ce la faccio ad andare incontro a chi non mi piace». Io per prima cosa chiedo: «Ti rendi conto di quanta parte della popolazione stai escludendo?». E poi suggerisco umilmente: «Cerca nell'altro ciò che ha di bello».

Io applico costantemente questa massima, è molto difficile che non riesca a trovare qualcosa di bello negli altri. Può essere una caratteristica fisica, un modo di muoversi, di parlare, un piccolissimo particolare che risuona positivamente dentro di me. Se ho difficoltà mi concentro sui dettagli fisici ed emozionali oppure legati al modo di porsi, di abbigliarsi ecc. Se ci provi, è difficile proprio non trovare assolutamente nulla che ti possa piacere!

Applica costantemente la legge del "bello" negli altri e, vedrai, percepirai del meraviglioso in chi ti sta di fronte.

Qualche tempo fa feci un esercizio al master di Programmazione Neurolinguistica che ancora ricordo con grande emozione. Eravamo sei o sette persone, e ci disponemmo in cerchio con in sottofondo una musica rilassante. Uno alla volta i partecipanti si mettevano al centro del cerchio, e chi era lì si rivolgeva singolarmente a un componente del gruppo: «Io vedo in te...» e ne dava una definizione. «Io sento che tu sei una persona...» ed esprimeva la sua impressione.

Vennero fuori delle cose meravigliose su ciascuno di noi! Sentir dire cose positive su di sé allunga la vita, dona la felicità. Anche comunicare le cose belle degli altri ci fa sentire bene. Mi commossi fino alle lacrime e mi sentii realmente in sintonia con tutti per diversi giorni!

So che i dieci passi richiedono molto impegno ed energia. Sono percorsi di saggezza, frutto di anni di studio ed esperienze pratiche, verso la nuova frontiera della comunicazione: il ComunicAmore. Ti chiedo di seguirli e applicarli sistematicamente nella tua vita quotidiana.

SEGRETO n. 15: in qualsiasi essere umano, se ti concentri, potrai trovare del bello, anche solo un piccolo dettaglio.

RIEPILOGO DEL CAPITOLO 3:

- SEGRETO n. 11: l'ascolto è la facoltà più complicata di tutta la comunicazione umana, ma è anche la più importante. Ascolta con il cuore oltre le parole. Ascolta te stesso.

- SEGRETO n. 12: ammettere di avere torto è complicato ma essenziale per essere iscritto di diritto al club. La ragione non fa crescere.

- SEGRETO n. 13: le persone che detesti sono la tua benedizione perché dietro di loro si nascondono le tue parti ombra.

- SEGRETO n. 14: l'invidia non ci permette di evolverci, l'ammirazione invece crea processi di emulazione che ci permettono di crescere.

- SEGRETO n. 15: in qualsiasi essere umano, se ti concentri, potrai trovare del bello, anche solo un piccolo dettaglio.

CAPITOLO 4:

Come sviluppare empatia e *rapport*

«Diffondete l'amore dovunque andate:
prima di tutto nella vostra casa.
Date amore ai vostri figli,
alla moglie
o al marito, al vicino di casa.
Che nessuno venga mai da voi
senza andarsene più buono e più felice.
Siate l'espressione vivente della bontà di Dio;
abbiate bontà sul volto,
bontà negli occhi, bontà nel sorriso, bontà nel saluto caloroso».
Madre Teresa

Come rispettare il mondo emozionale altrui

Ti racconto una storia bellissima sull'empatia liberamente tratta dal libro di Sue Knight, *Pnl al lavoro* (NLP Italy, Urgnano 2009).

C'era una volta un villaggio che viveva prevalentemente di agricoltura, attingendo le proprie risorse da un grande campo coltivato. Purtroppo erano parecchi mesi che i suoi abitanti non potevano metterci piede, essendo convinti di aver visto un enorme drago al suo interno. Erano allo stremo. Un giorno arrivò un forestiero, audace e coraggioso, che promise loro di sconfiggere il drago così da permettergli di ricominciare a nutrirsi dei prodotti della loro terra.

Il forestiero giunto al terreno si rese conto che in realtà il drago non era altro che un enorme cocomero. Tornato al villaggio riferì agli abitanti che potevano stare tranquilli perché il mostro non era mai esistito, ma quelli non la presero molto bene e lo fecero a pezzi. Dopo qualche tempo giunse un secondo viandante ancora più audace, che promise di essere il salvatore del villaggio. Egli agì nello stesso modo del primo riferendo per filo e per segno ciò che aveva visto, e subì la stessa sorte del suo predecessore.

Dopo qualche giorno arrivò un terzo viandante, il quale non fece promesse, ma si recò a verificare, rendendosi così conto dell'equivoco. Tornato dagli abitanti si comportò in maniera differente dagli altri e riferì di aver sconfitto definitivamente il drago. Egli rimase per qualche tempo in quel villaggio e dopo aver stabilito con gli abitanti un rapporto di fratellanza spiegò come erano andate le cose realmente. Questa volta tutti la presero bene e accettarono la sua versione dei fatti!

Questa è la misura dell'empatia, il rispetto del mondo emozionale altrui che serve ad abbattere la diffidenza e la sfiducia. Mai come in quest'epoca si è vista una tale crisi di fiducia negli esseri umani ed è veramente difficoltoso oggi conquistarla. L'empatia è l'antidoto a questa situazione.

SEGRETO n. 16: l'empatia (il *rapport*) si fonda sul grande rispetto e sulla delicatezza nei confronti del mondo emozionale altrui.

I simili o gli opposti si attraggono?

Hai mai sentito il detto: «Gli opposti si attraggono»? E quello inverso: «Chi si somiglia si piglia»? I modi di dire popolari hanno sempre un fondo di saggezza e verità; premesso che ce n'è uno in entrambi quelli citati, io sposo pienamente il secondo.

Perché? Ragioniamo in base all'esperienza e al buon senso. Pensa a una relazione affettiva tra due persone con caratteri, valori, convinzioni opposti; all'inizio, spinti dalla passione, la relazione può dare l'idea di funzionare... e poi? E poi il rapporto molto probabilmente avrà un cortocircuito, i contrasti e le differenze emergeranno.

I simili cercano i simili. Hai mai fatto caso a come ci siano delle coppie di innamorati che si muovono in perfetta sintonia? E la sintonia che esiste in una coppia di lungo corso? Addirittura tra animali e padroni!

Sai cosa fa un bambino piccolissimo, che ha bisogno di cure continue, per assicurarsi la sopravvivenza? Imita la mimica dei genitori o delle persone che si occupano di lui, e lo fa inconsciamente.

Voglio raccontarti l'interessante esperimento di uno psicologo inglese, Robert Levenson, della California University di Berkeley, il quale riprese con la videocamera due coniugi mentre discutevano piuttosto vivacemente dei problemi riguardanti il loro matrimonio (quindi fortemente emozionali).

Fece rivedere agli stessi il video chiedendo loro di interpretare le emozioni del partner. Sembra che coloro che adottavano la stessa postura e gestualità, che mimavano le impercettibili reazioni fisiologiche dell'altro, avessero una maggiore predisposizione a indovinarne anche le emozioni.

SEGRETO n. 17: gli esseri umani sono attratti naturalmente da chi somiglia loro. Vale il detto: «Chi si somiglia si piglia».

Come funziona il processo di rispecchiamento

Verso la metà degli anni Novanta un team di ricercatori dell'Università di Parma (Dipartimento di Neuroscienze), guidati da Giacomo Rizzolatti, fecero una scoperta sensazionale.

Utilizzando i macachi come soggetti sperimentali, osservarono che alcuni gruppi di neuroni si attivavano non solo quando gli animali compivano delle azioni, ma anche quando vedevano gli altri compierle. Gli studi hanno dimostrato che lo stesso meccanismo avviene nell'uomo: i neuroni specchio si attivano quando vediamo compiere azioni da parte degli altri, di cui abbiamo ricordi.

Questa scoperta sembra indicare il fondamento scientifico della nostra predisposizione naturale all'empatia.

Empatia, parola derivante dal greco *em* ("dentro") *pathos* ("sentimenti"), significa esattamente provare quello che prova l'altro senza perdersi. Significa emozionarci come si sta emozionando l'altro pur mantenendo intatta la nostra identità.

Da cosa deriva questa predisposizione emotiva? Sicuramente dal livello empatico dei nostri genitori: come manifestavano le loro emozioni? Ci incoraggiavano a esprimere le nostre?

Steven Covey, in *Le sette regole del successo*, riporta questo esempio: poniamo conto che vostro figlio sia in un periodo particolare, taciturno, pensieroso ecc. La prima cosa che vi viene in mente è di chiedergli cosa gli stia succedendo. E allora lui si sente stimolato a raccontarvi le sue difficoltà con la scuola: «Sai papà/mamma è un periodo che… non lo so… non mi va di andare a scuola».

La classica reazione del genitore poco empatico (molto più diffusa di quanto possa pensarsi) è la seguente: «Come non ti va di andare a scuola? Stai scherzando? Con tutti i sacrifici che abbiamo fatto!» e la nostra conversazione prende la direzione dello scontro. Addio empatia…

Il genitore empatico invece prende a cuore le emozioni del figlio: «Mi vuoi spiegare meglio questo tuo disagio? Cosa in particolare ti mette in difficoltà?»

Sono convinto che anche l'empatia sia frutto di allenamento di pensiero ed emozionale. È in buona sostanza un'*attitudine* che può essere sviluppata. Quando ti confronti con il comportamento di qualcuno, chiediti sempre: «Cosa sta provando in questo momento?» Arriverai a sentire le sue stesse emozioni.

SEGRETO n. 18: i neuroni specchio sono una delle più grandi scoperte nel campo delle relazioni. Essi sono il fondamento scientifico dell'empatia.

Come creava *rapport* il più grande di tutti: Milton Erickson
C'è stato nella storia un grandissimo uomo, che aveva la dote naturale di entrare in sintonia empatica con i propri pazienti quasi

immediatamente: è Milton Erickson, il più grande ipnoterapeuta mai esistito.

Erickson aveva a cuore i suoi pazienti, era realmente interessato alle loro storie. Rivedendo i suoi video impressiona il modo in cui interagiva, la sua grande propensione all'ascolto, la postura protesa verso il paziente, il rispecchiamento fisico e verbale. Erickson diveniva il riflesso dell'altro e questo gli permetteva di conquistarne la fiducia.

Come scrive sua figlia Betty Alice (nel libro <u>Milton Erickson. Un guaritore americano</u>, Bruno Editore, 2010): «Egli aveva una straordinaria abilità nel valutare le persone semplicemente stando in loro presenza. Le persone forniscono informazioni, comunicano in tutti i modi possibili e lui era un maestro nell'osservarle attraverso tutti questi modi diversi». Questo lo rendeva un grandissimo guaritore.

Ci sono tantissimi aneddoti che lo riguardano. Uno è quello del ragazzino portato in visita a forza dai genitori perché soffriva di disturbi emozionali e di enuresi. Una volta lasciato solo con il dottore, egli si mise a urlare sempre più forte.

Milton senza scomporsi cominciò a gridare come lui. Il ragazzo fu spiazzato e rimase un attimo in silenzio, poi ricominciò. E così fece a sua volta Erickson, fino a quando il paziente si fermò e allora lui gli chiese se fosse pronto a parlare oltre che a strillare. Così riuscì a farlo stare tranquillo.

Altro caso: George per sei anni non aveva detto una parola sensata, ma solo frasi sconnesse, e non aveva avuto alcuna interazione con nessuno. Erickson riuscì a farlo uscire dal suo bozzolo di follia facendo quello che faceva lui: rimanendo in silenzio e alternando delle frasi deliranti senza alcun significato apparente. Dopo aver proseguito così per giorni interi, George finalmente parlò e disse: «Dopo sei anni finalmente qualcuno che mi capisce e con il quale poter parlare!»

Inconsciamente riconosciamo chi si comporta come noi, quando sentiamo che l'altro ci assomiglia ci rilassiamo e percepiamo a livello profondo di poterci fidare.

Esercizio 5: ti chiedo di sperimentare la forza del rispecchiamento. Quando hai l'occasione di entrare in contatto con una persona che non conosci, potrebbe essere in un luogo pubblico, su un treno, su una panchina, entra in **rispecchiamento posturale** con lei.

Attenzione, cosa significa "rispecchiare"? Ripetere la gestualità della persona a specchio (per esempio: gamba destra sua accavallata, gamba sinistra tua accavallata). Si tratta di replicare con grande delicatezza gli stessi suoi gesti per entrarci in relazione. Non scimmiottare! È un processo che va svolto con grande naturalezza e rispetto dell'altro, fallo con discrezione.

Potrebbe accadere, se ci sono le condizioni, che la persona scelta ti rivolga la parola incuriosita di conoscerti. Oppure prova tu a farlo e noterai una grande apertura, poiché tramite il rispecchiamento hai abbattuto le barriere.

Esercizio 6: da fare in coppia. Crea prima un rispecchiamento posturale e sulla respirazione (stesso ritmo respiratorio) con il tuo interlocutore. Quando senti di aver instaurato sintonia con lui, comincia a parlare di argomenti su cui avete concezioni e valori diametralmente opposti (come la religione o la politica). Noterai come ti verrà difficile creare conflitto e cercherai naturalmente punti di accordo e mediazioni.

SEGRETO n. 19: il modo in cui Milton Erickson lavorava con i suoi pazienti è un esempio di eccellenza nell'applicazione del rispecchiamento e ricalco.

Il ricalco e la relazione empatica: come si sviluppano?

Il processo attraverso cui si instaura una relazione empatica e di affinità con l'altro viene denominato in PNL **ricalco**. Il ricalco è il procedimento mediante il quale andiamo verso il modello di mondo del nostro interlocutore, mettendoci in sintonia con il suo stato emozionale.

Ricalcandone la fisiologia, la respirazione, il modo di parlare, i valori e le convinzioni stiamo segnalando alla persona che noi la comprendiamo, che il suo modello del mondo è simile al nostro. Ed è allora che ci si può fidare. Il ricalco indica lo stare al passo con l'altro (*pacing*), rispettando le sue individualità e unicità. C'è grande attenzione verso l'altrui, grande gentilezza e sensibilità.

Voglio farti un esempio pratico. Ti sarà capitato diverse volte di fare una passeggiata con qualcuno che non aveva il tuo stesso passo, per esempio un anziano o un bambino. Avevi due possibilità: lasciarlo indietro oppure adeguarti. Tu cosa hai fatto?

Quando vi allenerete comincerete a comprendere le emozioni del ricalcato, a entrare nei suoi stessi stati d'animo. Il fattore che rende così potente e irresistibile il ricalco è che, quando ripetiamo i comportamenti di qualcuno, questi per poterci rifiutare dovrebbe rifiutare il suo stesso modo d'essere e ciò è improbabile.

SEGRETO n. 20: ricalcare l'interlocutore indica una grandissima sensibilità verso il suo mondo ed è un modo molto efficace per creare sintonia con lui.

I vari tipi di ricalco: come realizzarli
Il ricalco può essere:

- non verbale/posturale;

- verbale;

- delle affermazioni;

- ritmico-respiratorio;

- tensionale-emotivo;

- rappresentazionale;

- dei valori e delle credenze.

Vediamoli nel dettaglio.

Ricalco non verbale/posturale

Ti dovrai allenare a osservare la postura del tuo interlocutore, che potrebbe essere rigida o rilassata, sbilanciata in avanti o indietro, così come la disposizione delle gambe e delle braccia, la sua gestualità, il modo di tenere le mani, i movimenti della testa e delle gambe, quelli degli occhi, la mimica facciale ecc.

Ricalco verbale

Ti potrai concentrare su tutte le proprietà vocali dell'altro: il tono (acuto, profondo), il ritmo (veloce, lento, medio), il timbro (nasale, gutturale, di testa), il volume.

Ricalco delle affermazioni

Fai caso a quello che le persone dicono, ci sono sempre delle parole chiave ripetute più volte. Riassumere il pensiero dell'altro utilizzando le stesse parole chiave crea *rapport*.

Ricalco ritmico-respiratorio

Puoi uniformarti alla velocità/lentezza con il cui l'altro respira. Fa' attenzione a dove è localizzata la respirazione, se è di petto o di pancia e se è profonda o leggera. Con il tempo diverrete molto abili a intercettare i segnali della respirazione attraverso l'osservazione del viso, del sopracciglio ecc. E potrete anche sintonizzare la velocità del vostro linguaggio al ritmo della respirazione dell'interlocutore.

Ricalco tensionale-emotivo

Sintonizzarsi sulle emozioni prevalenti del nostro interlocutore crea *rapport* e lo fa sentire compreso. Percepiamo quali sono i segnali emotivi e adeguiamoci. Sintonizziamoci e poi guidiamolo verso un'emozione più produttiva.

Ricalco rappresentazionale

Ciascuno di noi filtra i dati della realtà attraverso i sensi. La PNL divide i sistemi rappresentazionali della realtà in tre principali: visivo, auditivo cinestesico. Chi usa prevalentemente il canale relativo alla vista, chi quello uditivo e chi invece privilegia le sensazioni.

Ricalco dei valori e delle credenze

Il sistema più profondo di ricalco è sintonizzarsi sulle credenze e i valori del nostro interlocutore. Le credenze sono tutto ciò che la persona ritiene essere vero in relazione a se stessa e agli altri o alla vita. I valori sono invece le emozioni che privilegia, ciò che ritiene essere più importante (la libertà, l'amore, la crescita ecc.).

Come fare a scoprire convinzioni e valori? Attraverso delle domande, come ad esempio:

- «Per te cos'è più importante riguardo [specifica]?»
- «Cosa significa per te avere o essere [specifica]?»
- «Cosa pensi di [specifica]?»

Con l'esercizio costante questa diventerà per te una modalità di approccio automatica e inconscia. Ti chiedo di farlo sempre nel rispetto del tuo interlocutore e con finalità rivolte al bene; se applicata con amore e rispetto, questa pratica potrà cambiare in meglio la tua vita relazionale.

RIEPILOGO DEL CAPITOLO 4:

- SEGRETO n. 16: l'empatia (il *rapport*) si fonda sul grande rispetto e sulla delicatezza nei confronti del mondo emozionale altrui.

- SEGRETO n. 17: gli esseri umani sono attratti naturalmente da chi somiglia loro. Vale il detto: «Chi si somiglia si piglia».

- SEGRETO n. 18: i neuroni specchio sono una delle più grandi scoperte nel campo delle relazioni. Essi sono il fondamento scientifico dell'empatia.

- SEGRETO n. 19: il modo in cui Milton Erickson lavorava con i suoi pazienti è un esempio di eccellenza nell'applicazione del rispecchiamento e ricalco.

- SEGRETO n. 20: ricalcare l'interlocutore indica una grandissima sensibilità verso il suo mondo ed è un modo molto efficace per creare sintonia con lui.

CAPITOLO 5:

Come affrontare la nuova era

«Ognuno può essere grande, perché ognuno può servire. Non è necessario avere una laurea per servire. Non è necessario concordare soggetto e verbo per servire. È necessario solamente un cuore pieno di grazia. Un'anima generata dall'amore».
Martin Luther King

Come salvare le nostre relazioni nell'era tecnologica

Oggi abbiamo Internet, la posta elettronica, i social network che ci aiutano a comunicare e accorciare le distanze, e tutto ciò è semplicemente fantastico! La più grande rivoluzione dell'era moderna è quella informatica.

Ma siamo sicuri che tutti questi siano solo strumenti e non delle modalità comunicative fini a se stesse? Siamo certi che Internet e le nuove tecnologie stiano migliorando i nostri rapporti sociali?

Qualche tempo fa ero a cena con una nostra affezionata corsista che mi raccontava di una volta in cui era stata con delle persone assidue frequentatrici del web, e in particolare del re dei social network: Facebook.

Successe una cosa incredibile, queste persone si misero a raccontare la loro vita virtuale, quello che avevano visto scritto da altri, le fotografie, i filmati. Allora la nostra corsista, molto sarcasticamente, disse: «Ehi ragazzi, siamo qui presenti fisicamente, non siamo su Internet, possiamo toccarci, siamo in carne e ossa!»

La realtà virtuale sta superando quella fisica? Io apprezzo la rete informatica poiché la ritengo lo strumento di conoscenza più veloce e ampio. Tu apri Internet, cerchi la paroletta magica su Google e hai la conoscenza su un monitor.

Personalmente passo molto tempo al PC, a volte mi sta bene altre mi sento sopraffatto. Mi sembra di essere privato di qualcosa di meraviglioso e insostituibile: il contatto umano.

A volte mi chiedo se le nuove tecnologie non stiano divenendo (per alcuni) un pretesto per non mettersi in gioco con gli altri…

Hai notato cosa accade quando hai dei rapporti amichevoli sul web e poi succede che questi si concretizzino nella realtà? Ti senti più emozionato o a disagio?

Tempo fa ho intrattenuto un "rapporto virtuale" lavorativo per un anno e più con una persona (meravigliosa) che gestisce un sito su cui scrivo. Per varie questioni, abbiamo rimandato a lungo prima di contattarci telefonicamente. Il giorno della fatidica chiamata eravamo veramente emozionati quasi fossimo due adolescenti. Con i nuovi metodi di interazione, accadono cose strane, sembra quasi che "disimpariamo" ad avere relazioni fisiche.

Qualche tempo fa una mia corsista mi ha raccontato la storia di un'email e dei disastri che le ha provocato in ambito lavorativo. Una semplice email, per lei innocente, si è trasformata in una mina esplosiva. Queste situazioni sono molto diffuse: il limite dei messaggi di posta elettronica è che il loro contenuto è estrapolato da tutto quel contesto extra-verbale che fornisce gli elementi adatti alla sua interpretazione.

Va benissimo la tecnologia, se usata come strumento, non va bene se utilizzata per sostituire le relazioni. Basta notare l'uso eccessivo di Facebook e dei social network, le miriadi di siti in cui si gestiscono incontri, l'uso delle chat come strumento di flirt. Insomma tutto ciò che è sostitutivo delle relazioni in carne e ossa.

Ad aumentare le distanze si aggiungono anche le difficoltà oggettive per chi vive nelle grandi città: si è tutti lì eppure vedersi sembra sia diventato impossibile, organizzare un incontro con vecchi amici richiede troppa fatica. Prima le piazze costituivano un punto di incontro, oggi sono dimenticate. La gente scende nelle strade soltanto perché deve difendersi (protestando) o perché ha paura.

Qualche tempo fa scesi in strada poiché c'era un incontro con il sindaco della mia città. Per la prima volta vidi una quantità di persone del mio quartiere riunite in un solo luogo come non le avevo mai viste. Sapete cosa li aveva spinti a unirsi? La paura che costruissero un campo nomadi!

I bambini non trovano più spazi vitali nei quali correre, sfogarsi, divertirsi e socializzare. Gli unici eventi in cui possono stare insieme sono le feste di classe, ormai allestite come fossero una catena di montaggio: stesso posto, che non è mai in casa, stesse cose da mangiare, animatori (sempre le stesse facce) ecc. L'omologazione del divertimento alla faccia della creatività dei bambini!

Ci si incontra come i carbonari, nei circoli, nelle associazioni, nelle case di qualche generoso. Le nostre abitazioni sono ridotte ormai a pochi metri quadri pagati come fossero centinaia. Non vediamo l'ora di rientrare nei condomini bunker, possibilmente senza salutare nessuno, e metterci davanti alla televisione subendo un paio d'ore di elettrochoc.

Qualche tempo fa un mio collega, all'epoca dell'introduzione del digitale terrestre, era molto preoccupato. Mi spiegò che avendo in casa quattro televisori (per quattro persone) non sapeva come ovviare al problema del digitale. Che dubbio amletico!

È terribile tutto questo! Quando si ha la possibilità di comunicare, di stare insieme, di condividere? Ci stiamo perdendo molto.

A me piace abbracciare le persone, guardarle negli occhi. A volte ho la sensazione che alcuni siano spiazzati da questa mia esuberanza affettiva. Non fa nulla! Voglio il contatto umano.

Leo Buscaglia ricorda in uno dei suoi meravigliosi libri (*Vivere, amare, capirsi*, Mondadori, Milano 2010) che quando registrò il titolo del suo libro *Amore* si accorse che non ne esisteva nessun altro con lo stesso nome. Esistevano mille titoli attinenti all'amore, ma sempre vedendone i risvolti negativi: amore e odio, amore e conflitto, amore e sofferenza.

E l'amore semplicemente? Amore è la parola più diffusa al mondo, forse più pronunciata, di cui non si conosce l'applicazione pratica.

E poi l'amore ha un'infinità di sfumature. Non è soltanto quello per il proprio amanto o amata, ma è quello per un figlio, per qualunque essere umano, per la natura. È un sentimento onnicomprensivo.

La vera rivoluzione che oggi ci attende è essere leader dell'amore, diffonderlo in particolare dove manca: laddove diamo erroneamente per scontato che ci sia, in particolare tra chi ci sta al fianco quotidianamente. Questo è l'amore più difficile secondo Madre Teresa.

Bastano piccoli gesti, una carezza, un abbraccio, una parola di conforto, un bacio. C'è chi sostiene che se non si ha amore di sé non se ne può dare agli altri. Io ritengo che amare metta in movimento una straordinaria macchina energetica che produce forza anche in noi stessi. Dare amore crea amore.

Comincia facendo volontariato o piccoli gesti nei confronti di qualcuno in difficoltà. Non aspettarti nulla in cambio, agisci, trova il tempo per procurarti attività che ti facciano sentire utile, in cui possa mettere in pratica il tuo amore.

Qualche mese fa mio suocero stava andando a fare un intervento chirurgico abbastanza semplice, ma essendo anziano e abbastanza spaventato degli ospedali, era preoccupato. L'ho visto la mattina presto prima di andare, l'ho guardato dritto negli occhi e con grande compassione gli ho chiesto come stesse. L'ho abbracciato e gli ho detto di non preoccuparsi, l'ho fatto con calore.

Alcuni giorni dopo a mia moglie ha detto che io gli voglio bene veramente, che tiene a me, di trattarmi con grande considerazione. Francamente non mi aspettavo di aver provocato questo con dei semplicissimi gesti che sentivo spontanei e naturali.

Questo episodio mi ha fatto riflettere su quanto desiderio di piccoli gesti di amore ci sia e su come le persone non si aspettino azioni disinteressate. Siamo abituati a una concezione dell'amore arida e simile alla prostituzione, basata sullo scambio, abbiamo dimenticato come fare qualcosa per gli altri soltanto perché sentiamo di volerlo e non perché dobbiamo o per avere in cambio qualcosa.

La prossima volta che chiederai a qualcuno come sta fallo con l'intenzione sincera di sapere veramente quali siano le sue condizioni. Fallo con sentimento e trasporto.

SEGRETO n. 21: la tecnologia è strepitosa ma non potrà mai sostituire le relazioni fisiche. Gli esseri umani hanno bisogno di contatto fisico, di umanità e calore.

L'era darwiniana è superata definitivamente?

Credo che la nostra evoluzione passi attraverso questo senso di solidarietà e di amorevole cooperazione. C'è un notissimo biologo cellulare che stimo molto, il cui nome è Bruce Lipton, che paragona le comunità cellulari a quelle umane (in *Evoluzione Spontanea*, Macro Edizioni, Cesena 2010). O meglio, egli ritiene che l'esempio di organizzazione più efficiente e democratica sia proprio quella cellulare, dove ogni cellula ha un suo compito specializzato, sa quale lavoro svolgere e lo fa sempre nell'interesse del buon funzionamento della comunità. La parola d'ordine della comunità è **condivisione**. Una cellula mette da parte i suoi interessi personali per far funzionare tutta la macchina umana e per mantenere in salute il corpo vivente.

Esempi di comunità umane innovative? La Conscious Community Network, nata nel 2003 in Nevada, aggrega persone che vogliono fare la differenza per la propria comunità. È un modello di governo fuori dagli schemi ordinari della politica che lavora sulle tematiche più sentite (come ambiente e benessere). Il lavoro è svolto da volontari e sulla base di un autofinanziamento. In questo caso non ci si aspetta, come al solito, che siano i governi a fare qualcosa per i cittadini, ma sono loro stessi ad agire. Questo è il modello da seguire da oggi!

Nel momento in cui scrivo siamo, in Italia, nel pieno di lacerazioni politiche forse insanabili, contrassegnate da lotte e attacchi violentissimi. I politici sono così presi dai loro contrasti, dalle loro beghe, da dimenticarsi di amministrare il Paese!

È una situazione incresciosa che deve però incoraggiare il modello della comunità cellulare fondata sulla condivisione, sul senso di appartenenza. Pensa a come funzionerebbero meglio le cose se ciascuno si assumesse la sua parte di responsabilità, se ragionasse nell'ottica del bene comune attraverso atti individuali inseriti in un contesto condiviso.

L'uomo finora si è mosso sulla base della concezione dell'evoluzione darwiniana, secondo cui esiste una lotta continua per la sopravvivenza all'interno della stessa specie. Nella lotta vincono gli individui più favoriti, ottenendo un vantaggio riproduttivo sui meno adatti.

Cosa vuoi fare, continuare a passare sopra tutto e tutti così come ti hanno insegnato (come ci ha insegnato Darwin)? Continuare questa corsa insensata nel perseguimento di un benessere materiale che ti sta accecando? Pensa a quando, come automi, entriamo in un centro commerciale alla ricerca di ciò che non è indispensabile. Usciamo carichi di cose superflue convinti di aver alleviato quel vuoto interiore che ci attanaglia. Ma quella mancanza profonda, trascorso l'effetto anestetico dello shopping, si amplia. Non abbiamo bisogno di accumulare beni materiali, abbiamo bisogno di dare e ricevere amore.

Io credo che sia arrivato il momento di porre fine ai contrasti continui, basta usare il pretesto della religione, della politica, del sesso, della morale per farci la guerra. **Abbracciamo le differenze, sono la nostra fortuna!**

Sicuramente c'è una tendenza di questa cultura verso l'omologazione. E l'educazione non ne è esente.

Queste le dure parole di Buscaglia (*Amore,* Oscar Mondadori, Milano 2010) a tal proposito:

«Pertanto l'individuo, completata la fase di crescita, lascia le scuole adirato, alienato, frustrato, le idee confuse, il cervello brulicante di nozioni sconnesse e senza senso che in modo affatto risibile e senza alcun fondamento vengono definite "istruzione". Non sa chi sia, dove sia e perché vi sia pervenuto. Non sa dove sta andando, non sa come arrivarci, né tantomeno cosa farà una volta raggiunta la sedicente meta».

I ragazzi dovrebbero prendere con maggiore distacco questa corsa disperata all'antagonismo e al successo. Questo modello competitivo sta mietendo vittime in particolare dal punto di vista psicologico. Sta creando generazioni di robot in preda alla depressione.

La scuola è importante per due motivi principali: per l'alfabetizzazione e per la socializzazione, ma non è la scuola che produce individui felici, liberi e creativi, anzi. Ti chiedo quindi di prendere meno sul serio il rendimento dei tuoi figli o nipoti e di evitare di stressarli oltremodo (già ci pensa abbondantemente la società). Il loro successo nella vita non dipenderà da tutto questo.

Se la maggioranza di noi cominciasse a pensare in termini di amore, compassione e comprensione potremmo creare una società migliore. Non è utopia, è pratica. Il mondo che abbiamo oggi, così ingiusto e per alcuni versi orrendo, è frutto del pensiero della gran parte degli uomini.

Gli atti di **coscienza collettiva** sono potentissimi. Si sono svolti tanti esperimenti in tal senso che hanno fatto cessare ostilità in città in cui il crimine era all'apice (vedi Washington). Atti di coscienza collettiva in zone di guerra, preghiere di pace e pensieri altruisti di tante persone. Con risultati sorprendenti in positivo: il cambiamento nasce da qui.

Il XIV Dalai Lama, Tenzin Gyatzo, ci racconta che la vera compassione si basa sul rispetto dei diritti altrui. E la vera compassione non va confusa con l'attaccamento. Molte volte in una relazione di amicizia, così come in quelle d'amore, siamo interessati alla salvaguardia in sé del rapporto e non guardiamo l'altro per quello che è, in maniera disinteressata. La compassione ha a cuore ciò che ha a cuore l'altro.

La compassione ha alla base il genuino interesse, il rispetto dei diritti altrui e del suo bene. Hai la possibilità di scegliere: concentrarti su quanto di bello c'è negli altri e quanto invece non va, non funziona, non ti piace. Di rispettare o calpestare.

SEGRETO n. 22: la nuova società sarà strutturata sul modello cooperativo delle comunità cellulari e abbandonerà per sempre il modello aggressivo di Darwin.

Alcuni suggerimenti di pratica quotidiana

E allora voglio lasciarti con alcune indicazioni pratiche molto rivoluzionarie.

Sii generoso e comincia prendendo esempio dalla generosità della natura, di madre terra. Osserva l'altruismo delle persone che ti circondano: genitori, figli, fratelli, sorelle; poni attenzione a come ognuno si impegni facendo il proprio dovere, come metta al tuo servizio la sua capacità e il suo talento. Sii grato per tutto ciò e ringrazia.

Fai qualcosa per gli altri, anche di piccolo, dona loro te stesso. Fa' volontariato, aiuta chi si trova in difficoltà, pensa alle persone più sfortunate e agisci, non lasciare che i giorni si susseguano senza atti di altruismo.

Metti a disposizione i tuoi talenti. Impegnati in quello che ti riesce meglio con tutta la tua passione. Contagia gli altri con le tue passioni. Quando acquisisci conoscenze che pensi possano essere utili mettile a disposizione di tanti. Questo ti renderà felice e libero.

Sii d'esempio per chi ti circonda, fai del tuo meglio, non danneggiare gli altri, rispetta il tuo ambiente. Attieniti ai tuoi valori, sii coerente e di' quello che realmente pensi. Non arrivare a compromessi per tutelare il tuo interesse personale a scapito degli altri.

Sii grato, la gratitudine è il più grande motore delle nostre esistenze. Ringraziare di ciò che abbiamo, delle cose semplici, di quello che di bello ci accade durante il corso della giornata ci orienta a cercare le cose belle della nostra esistenza (anche quelle che diamo per scontate). Crea un elenco di tutte le cose per cui oggi ringrazi, butta giù di getto una lista della gratitudine. Ti sentirai diverso, ti sentirai "pieno"!

SEGRETO n. 23: dona il meglio di te alla società, metti a disposizione i tuoi talenti e opera in maniera disinteressata a favore della collettività e di chi ne ha bisogno.

RIEPILOGO DEL CAPITOLO 5:

- SEGRETO n. 21: la tecnologia è strepitosa ma non potrà mai sostituire le relazioni fisiche. Gli esseri umani hanno bisogno di contatto fisico, di umanità e calore.

- SEGRETO n. 22: la nuova società sarà strutturata sul modello cooperativo delle comunità cellulari e abbandonerà per sempre il modello aggressivo di Darwin.

- SEGRETO n. 23: dona il meglio di te alla società, metti a disposizione i tuoi talenti e opera in maniera disinteressata a favore della collettività e di chi ne ha bisogno.

Conclusione

Il percorso che hai seguito fin qui è sicuramente impegnativo. Mi rendo conto che avrai incontrato delle resistenze a mettere in atto i consigli che ti ho dato. So anche che se sei arrivato fino a qui eseguendo tutti gli esercizi, sei tra quei pochi, speciali esseri umani, che vogliono appartenere al club del ComunicAmore.

Sono certo che appartieni alla ristretta cerchia di individui in continua evoluzione, attenti al prossimo, rispettosi, empatici. Coloro che rispettano gli altri e l'ambiente. Coloro che vogliono cambiare il mondo attraverso atti di evoluzione e coscienza. Coloro che sono pronti a mettersi in discussione e ricominciare.

Questo è un percorso che porta dritto all'Amore con la A maiuscola. Amando gli altri e rispettandoli non fai altro che rispettare te stesso. Perché l'Amore inteso come sintesi degli opposti è la chiave per la felicità. L'Amore è il superamento delle emozioni che ci tengono legati alle illusioni. L'amore è il centro, il punto di equilibrio. Esso è integrazione con tutto.

Come racconta Bruce Lipton: «L'amore è la pacifica forza segreta dell'umanità che ci consentirà di trascendere la sopravvivenza e vivere nella speranza».

Tutte le religioni del mondo si basano su una massima più o meno uguale, una regola aurea: «Ama il prossimo tuo come te stesso» e «non fare agli altri ciò che non vuoi sia fatto a te». Ci sarà un motivo per cui questo principio accomuna religioni che si sono fatte la guerra nei secoli?

Io ti auguro con tutto il cuore di vivere una vita piena e felice all'insegna del ComunicAmore e del servizio agli altri e della compassione.

Io credo che l'essere umano sia una creatura meravigliosa e unica che dimentica di esserlo. La mia missione è risvegliarne il ricordo, questo è il mio personale messaggio di fiducia.

Con il cuore.

Luigi Miano